200 JAHRE HERDER

200 Jahre Zukunft

JUBILÄUMSAUSGABE

Phil Bosmans

SONNE FÜR DAS LEBEN

Mit Fotografien von Florian Werner

FREIBURG · BASEL · WIEN

Zu diesem Buch

Ich hatte einen Traum. In den Nachrichten hörte ich, daß die Sonne im Sterben lag. Es wurde langsam dunkel. Ich sah die Bäume in sich zusammensinken. Alle Pflanzen verloren ihre Blätter, und die kleinen Grashalme verwelkten. Alle Blumen verblühten, und alle Vögel hörten auf zu singen. Es gab keinen Morgen mehr und keinen Abend. Die Sonne war weg, und die Erde war leer. Alles wurde eiskalt.

> Der letzte Mensch besaß alles Geld der Welt,
> und erst dann sah er ein,
> daß man Geld nicht essen kann.

Ich wurde wach und begriff, daß die Sonne alles war, daß die Sonne entscheidend war für alles Leben und Sterben auf der Erde. Ohne Sonne kein Leben, keine Tage und keine Nächte, kein Mond und keine Sterne. Nichts. Die absolute Leere.

Wir Menschen müssen jeden Morgen „danke" sagen, wenn wir die Sonne sehen und fühlen. Dankbarkeit und Freude. Die Sonne läßt uns leben. Die ganze Schöpfung jauchzt. Die Sonne, das Licht war der erste Schöpfungsakt. Mutter Erde muß sich maßlos freuen, daß es die Sonne gibt. Ohne Sonne wäre die Erde ein Eisklotz. Nun aber gibt es dank der Sonne Frühling, Sommer, Herbst und Winter. Die Sonne ändert alles. Sie schenkt Licht und Wärme und Farbe.

Wir finden es ganz normal, daß die Sonne da ist. Wir halten das für allzu selbstverständlich. Wir denken nicht, und wir danken nicht. Wir schimpfen, wenn es zuviel Wolken oder Regen oder Schnee gibt. Und doch ist die Sonne der Ursprung von allem, was wir sind und was wir haben. So ist die Sonne das Symbol für Güte und Schönheit im Leben geworden.

Ein von Freude erfülltes Gesicht und ein fröhliches Lachen bringen Sonne ins Leben. Eine Frau schrieb mir einmal: „Ich habe in meinem ganzen Leben niemals die Sonne gesehen." Da wußte ich, daß sie in ihrem Leben niemals Liebe und Freude erfahren hat. Ihr Leben war dunkel und voll von Elend und Sorgen.

„Sonne für das Leben" heißt Licht und Liebe und Freude und Wärme ins Leben. Das müssen Menschen einander geben, sonst sterben sie innerlich. Menschen werden nicht einfach blindlings auf einem kalten Planeten ausgesetzt. Menschen werden von Gott Menschen in die Hände gelegt, Menschen werden Menschen anvertraut. Jeder Mensch hat Recht auf Liebe, Recht auf einen Mitmenschen.

Das gilt vor allem für die Kinder. Kinder haben ein unveräußerliches Recht auf Liebe, Licht und Wärme, Recht auf zwei Arme, um sich beschützt und wohl zu fühlen. Ein Kind, das Liebe und Wärme entbehren muß, ist für das ganze Leben gezeichnet und zum Elend verurteilt.

Kein Mensch kann leben ohne die Sonne der menschlichen Liebe, der menschlichen Wärme. Darum müssen Menschen für Menschen „Sonne" sein. Mit jedem guten Menschen, der auf der Welt lebt, geht eine Sonne auf. Gute Menschen sind wie Engel. Sie bringen überall Sonne und Hoffnung und ein bißchen Himmel. Meistens sind es große Optimisten. Für Optimisten scheint die Sonne Tag und Nacht. Pessimisten sehen die Sonne am Morgen untergehen. Dann sind die Tage dunkel und ohne Hoffnung.

Liebe Menschen! Um diese Welt bewohnbar und lebbar zu machen, müssen wir unser Herz mit Sonne füllen und dann die Sonne hoch auf unseren Händen zu den Menschen tragen. Wir haben hier auf diesem kleinen Planeten nichts anderes zu tun.

Phil Bosmans

Sonne für den neuen Tag

Pack diesen Tag an
mit deinen beiden Händen.
Nimm diesen Tag entgegen!

Jeden Morgen stell dich
mit beiden Beinen auf unsere Erde
und sprich: Lieber, guter Morgen!
Ich bin froh, daß ich da bin.
Heute gibt es keine Jammermiene.
Von einem Trauerkloß hat keiner etwas.
Die Sonne ist da, es wird ein guter Tag.
Ich will dankbar sein.
Mein Herz sei frei von Haß und Neid.

Jeden Abend mache einen Punkt
und blättere die Seite um,
sonst sitzen wir hoffnungslos fest.
Geben wir jeden Abend unser Blatt ab,
mit den geraden und krummen Zeilen
und mit den leeren Zeilen, wie es ist.
Legen wir es einem Vater in die Hände,
dann können wir morgen neu anfangen.

Wer sich an guten Tagen richtig freuen kann,
der ist auch an schlechten Tagen besser dran.

Jeden Tag neu leben!
Neu bist du, wenn du staunst,
weil jeden Morgen Licht da ist;
wenn du glücklich bist,
weil deine Augen sehen, deine Hände fühlen,
weil dein Herz schlägt.
Neu bist du, wenn du weißt, daß du lebst.

Neu bist du, wenn du mit reinem Blick
auf Menschen und Dinge schaust,
wenn du dich freuen kannst
über die Blumen am Weg deines Lebens.
Wer nichts mehr bewundern kann,
erlebt niemals ein Wunder.

Neu bist du,
wenn du denkst,
daß heute der erste Tag
vom Rest deines Lebens beginnt.

Fang den Tag mit einem freundlichen Gesicht an.
Für die Mitmenschen ist ein fröhliches Gesicht
jeden Tag ein neuer Sonnenstrahl.
Wenn etwas schiefgeht,
macht es dir nicht so viel aus.
Der eigene Kummer wird kleiner
und die Last der anderen leichter.
Ein freundliches Gesicht und ein freundliches Wort
werden zu rettenden Engeln.

Freundlichkeit ist wie ein Wunder.
Freundlichkeit verwandelt die Menschen.
Freundlichkeit verändert die Welt.

Wenn Pflanzen am Morgen
die Sonne spüren,
beginnen sie zu leben.
Wenn Menschen am Morgen
das Herz eines Menschen spüren,
kommen sie zum Leben.

Menschen stehen auf
und glauben an einen neuen Tag.
Menschen sehen die Sonne aufgehen,
sie spüren die Wärme ihrer Strahlen,
sie glauben wieder an das Licht.

Menschen stehen auf
und glauben wieder an Menschen.
Sie träumen von einem Haus,
einem großen und warmen Haus,
von einem Hafen für alle.
Menschen kommen und gehen,
brechen das Brot der Freundschaft
und finden das Licht
für einen neuen Tag.

In die Natur ist ein Geheimnis der Liebe eingebaut.
Ich finde es phantastisch.
Das Klopfen meines Herzens,
hundertdreitausendmal am Tag, gratis.
Es ist nicht zu glauben.
Ich atme jeden Tag zwanzigtausendmal,
und für die hundertsiebenunddreißig Kubikmeter Luft,
die ich dazu nötig habe,
wird mir keine Rechnung ausgestellt.

Ich frage mich, wie viele Flüge
von wie vielen Bienen nötig waren
für das kleine Löffelchen goldgelben Honigs
zu meinem Frühstück.
Und wie viele Blumen dazu blühten.
Und wer die Sonne scheinen ließ,
denn wenn es regnet, fliegen die Bienen nicht.
Das alles für das kleine Löffelchen
goldgelben Honigs zu meinem Frühstück.

Für jedes Stück Brot, das ich esse,
hat jemand ein Saatkorn in die Erde gelegt.
Ein Wesen, größer als der Mensch,
hat in das Saatkorn den Überfluß blühenden Getreides gelegt.
Ich liebe das Saatkorn,
das in der warmen Umarmung
der Mutter Erde emporwächst,
um Scheunen voll Getreide zu geben
für das Brot der Menschen.

Der Tag von gestern,
alle Tage und Jahre von früher
sind vorbei, begraben in der Zeit.
An ihnen kannst du nichts mehr ändern.
Hat es Scherben gegeben?
Schlepp sie nicht mit dir herum!
Denn sie verletzen dich Tag für Tag,
und zum Schluß kannst du nicht mehr leben.

Es gibt Scherben, die wirst du los,
wenn du sie Gott in die Hände legst.
Es gibt Scherben, die kannst du heilen,
wenn du ehrlich vergibst.
Und es gibt Scherben,
die du mit aller Liebe nicht heilen kannst.
Die mußt du liegen lassen.

Fang den Tag von heute
nicht mit den Scherben von gestern an!

Jeden Tag als eine Gabe,
als ein Geschenk annehmen.
Steh morgens nicht zu spät auf.
Schau in den Spiegel, lach dich an
und sag zu dir: Guten Morgen!
Dann bist du schon in Übung,
dann kannst du es auch anderen sagen.

Ich wünsche dir Mut
wie die Morgensonne,
die über allem Elend der Welt
jeden Tag neu aufgeht.

Manche Menschen können nicht mehr
an die Sonne glauben,
wenn es einmal Nacht ist.
Ihnen fehlt das bißchen Geduld
zu warten, bis der Morgen kommt.
Wenn du im Dunkel sitzt,
schau nach oben,
wo die Sonne auf dich wartet.

Mit jedem guten Menschen,
der auf der Welt lebt,
geht eine Sonne auf.

An einem schönen Frühlingsmorgen
stand ich im Garten, in meinem Kräutergarten.
Die Luft, die milde Sonne. Der neue Tag.
Ich fühlte: Das Wunder umgab mich.
Es durchströmte mich Dankbarkeit
über das Leben, über alles Leben.
Ich sah die ersten Krokusse, und ich wußte:
Gott streckt mir seine Hände entgegen,
Hände voller Blumen.
Überall war Leben. Leben in der Luft.
Leben in der Erde. Ich dachte:
Der Ort, auf dem du stehst, ist heilig.
Das Paradies ist hier in der Nähe.

Sonne für Glück und Freude

Wer Menschen froh machen will,
muß Freude in sich haben.
Wer Wärme in die Welt bringen will,
muß Feuer in sich tragen.
Wer Menschen helfen will,
muß von Liebe erfüllt sein.
Wer Frieden auf Erden schaffen will,
muß Frieden im Herzen gefunden haben.

Glückliche Menschen:
sind dankbar für jede Gabe;
bringen Sonne ins Haus;
tragen in ihrem Herzen ein Paradies,
in dem sie alle willkommen heißen.

Glückliche Menschen:
bleiben einander liebevoll zugewandt;
gewähren einander den Lebensraum,
daß jeder so sein kann, wie er ist
mit seinem Lebensrhythmus.

Glückliche Menschen:
brauchen zum Glück nicht viel;
verlieben sich nicht in ihre Probleme;
tun selbst etwas und erwarten nicht
immer alles von den anderen.

Glückliche Menschen:
leben zufrieden und verbreiten Frieden;
sehen das Gute an den anderen;
bringen Licht, wo es dunkel ist;
sind niemals gefährliche Menschen.

Lachen ist gesund.
Denk an die Gesundheit,
vergiß das Lachen nicht!

Lachen befreit, Humor entkrampft.
Lachen: die beste Kosmetik fürs Äußere
und die beste Medizin fürs Innere.
Lachen und Humor wirken sich wohltuend aus,
nicht nur auf deinen Kreislauf,
sondern auch auf deine Umgebung.

Lachen und Humor entlasten.
Sie befreien vom Blei der Probleme,
von übertriebenen Sorgen, von falschem Ernst.
Die Welt sieht plötzlich anders aus.
Lachen und Humor machen den Weg frei
zu ungeahnter Lebensfreude.
Mit Humor kannst du sogar
über deine Fehler schmunzeln.

Manche Menschen können niemals glücklich sein.
Für sie hängt das Glück an tausend Dingen,
und etwas fehlt ihnen immer.
Am Glück fehlt stets ein Stück.
Das ganze Leben lang halten sie Ausschau
nach Stücken, die nicht da sind.
Sie sind blind für die vielen anderen Teile,
mit denen sie glücklich sein könnten.
Sie sehen nur die dunklen Flecken.
Ihre Tage werden grau, auch wenn die Sonne scheint.

Um ein bißchen glücklich zu sein,
um ein bißchen Himmel auf Erden zu haben,
mußt du dich mit dem Leben versöhnen,
mit deinem eigenen Leben, wie es nun einmal ist.
Du mußt Frieden machen mit deinem Gesicht,
das du dir nicht ausgesucht hast,
mit deinem Leib, der nicht immer so will,
wie du gerne möchtest,
Frieden mit den Menschen um dich herum,
mit ihren Fehlern und Schwächen.

Glück ist unbezahlbar.
Viele Menschen machen sich unglücklich,
weil sie meinen, Glück könne man kaufen.
Wenn die Menschen das Glück suchen,
suchen sie meistens das Geld.
Sie denken, Geld sei Glück.
Später erfahren sie das Gegenteil,
aber dann ist es meistens zu spät.

Glück kann man nicht aufs Konto überweisen.
Glück kann man nicht auf dem Fließband herstellen.
Glück kann man nicht im Laboratorium produzieren.
Glück kann man nicht durch Knopfdruck herbeizaubern.

Mit Geld kannst du dir ein schönes Haus kaufen,
aber keine Wärme und Geselligkeit.
Mit Geld kannst du dir ein weiches Bett kaufen,
aber keinen Schlaf.
Mit Geld kannst du Beziehungen kaufen,
aber keine Freundschaft.
Mit Geld öffnet sich dir jede Tür,
nur nicht die Tür zum Herzen.

Ohne ein Zuhause
bist du überall ein Fremder.
Glücklich ist der Mensch,
der ein Zuhause gefunden hat.
Wir sind dazu geboren,
um geborgen zu sein
und um Geborgenheit zu geben.
Wir sind dazu geboren,
um geliebt zu werden
und um zu lieben.

Glücklich ist der Mensch,
der dem Glück nicht hinterherrennt
wie einem Falter,
sondern dankbar ist für alles,
was ihm gegeben wird.

Vielleicht suche ich das Glück viel zu weit weg.
Es ist wie mit der Brille.
Ich sehe sie nicht.
Und dabei sitzt sie mir auf der Nase.
So nahe!

Wie können wir je glücklich werden,
wenn wir immer alles von den anderen erwarten?
Gott hat jedem Menschen etwas gegeben,
womit er andere glücklich machen kann.

Freude an den kleinen Wundern:
Mit diesem Schlüssel kannst du
überall und allezeit
ein bißchen glücklich sein.

Es ist möglich: Komm zur Freude!
Jetzt ist die Zeit der Erneuerung,
der neuen Hoffnung.
Steh auf aus der Finsternis
des Materialismus und Egoismus.

Es ist möglich: Hin zum Licht!
Vergiß alles Mißlungene
und fang von neuem an.
Neu werden mit neuen Gedanken
und mit einem neuen Herzen.
Steh auf zu einem neuen Morgen voller Sonne,
voller Vögel und Blumen.

Es ist möglich: Auf zu einem neuen Frühling!
Tritt ein in das magnetische Feld eines Gottes,
der Liebe ist.
Durch alle dunklen Tunnel hindurch
wirst du soviel Licht, soviel Leben,
soviel Freude finden,
daß du in deinem tiefsten Wesen spürst:

Auf der Erde
hat der Himmel begonnen.

In jeder Blume, die blüht,
sagt Gott, daß er mich gern hat.
In jedem Vogel, der singt,
höre ich seine Liebe.

In dir liegt das Glück.
Das Glück nimmt seinen Anfang
im Grunde deines Herzens.
Und du gibst es weiter:
wenn du freundlich bleibst,
wo andere unfreundlich sind;
wenn du hilfst, wo keiner mehr hilft;
wenn du zufrieden bist,
wo andere Forderungen stellen;
wenn du lachen kannst,
wo nur geklagt und gejammert wird;
wenn du vergeben kannst,
wo Menschen dir Böses taten.

In dir liegt das Glück.
Man wird sagen: So ein Träumer!
Weil du immer noch an Menschen glaubst,
an das Leben und daran,
daß alles anders werden kann.
Menschliches Glück hängt ab
von Lieben und Geliebtwerden
und von so vielen schönen Dingen,
die gratis sind.

Um glücklich zu sein,
ist es von größter Bedeutung,
daß du dich wohl fühlst in deiner eigenen Haut.
Um glücklich zu sein,
mußt du frei werden,
auch frei von Ichbezogenheit,
von krankhafter Empfindlichkeit,
von Ungeduld und Gier.
Der beste Lehrmeister dabei
ist das gewöhnliche tägliche Leben.
Die langen eintönigen Stunden,
stets dieselbe ermüdende Arbeit,
die Mißverständnisse und Enttäuschungen,
die Krankheiten und Kränkungen,
die unerfüllten Wünsche
und die unvermeidlichen Reibungen.
All das wird dich wie einen Diamanten schleifen.
Wenn du nur ja sagen kannst.
Es tut weh, ich weiß es.
Aber es gibt keinen anderen Weg
zum wahren Glück.

Es bleibt nicht viel Zeit,
um glücklich zu sein.
Die Tage sind schnell vorüber.
Das Leben ist kurz.
In das Buch unserer Zukunft
schreiben wir Träume,
und eine unsichtbare Hand
durchkreuzt uns die Träume.
Es bleibt uns keine Wahl.
Sind wir heute nicht glücklich,
wie werden wir es morgen sein?

Sonne für Liebe und Freundschaft

Liebe, Glück und Freundschaft blühen,
wo Menschen sanft geworden sind,
sanft in ihren Worten
und sanft in ihrem Umgang miteinander.

Ich liebe die Menschen, die um mich leben.
Ich liebe die Freude,
und so kommt die Freude zu mir.

Ich liebe die Freundschaft,
und so pflücke ich die Sterne
und so ist mein Tag voller Seligkeit.

Leben heißt: mit anderen leben.
Was bin ich denn ohne die anderen?
Eine einsame Insel in einem Meer von Menschen.
Ohne die anderen ist Leben eine Utopie,
ist Lieben ein unerfüllbarer Traum,
ist Glücklichsein eine Fata Morgana.
Wir alle sind durch tausend Fäden miteinander verbunden.
Ein Leben hängt am anderen.

Mit anderen leben heißt:
Mit ihnen muß ich alles teilen.
Ihnen darf durch mich kein Leid geschehen.
Ich muß sie annehmen und anerkennen.
Ohne die anderen kann sich keiner entfalten.
Ich brauche sie nicht nur,
weil sie soviel für mich bedeuten.
Ich brauche sie auch,
weil ich soviel für sie tun kann.

Augen habe ich,
um die anderen zu entdecken,
Ohren, um auf sie zu hören,
Füße, um zu ihnen zu gehen,
Hände, um sie ihnen hinzuhalten,
und ein Herz, um sie zu lieben.

In der Ökonomie der Liebe
mußt du mehr geben, als du besitzt.
Du mußt dich selbst geben.

In der Wüste bist du nicht verloren,
wenn du glauben kannst an die Oase.
In der Oase liegt alles am Wasser.
Mit Wasser kann jede Wüste blühen.
Ohne Wasser verdorrt alles, stirbt alles.
Wenn du in der Wüste irgendwo Wasser findest,
suche die Quelle, die Oase.

Wenn ich von einer Oase träume,
träume ich von einem Stückchen Paradies,
wo das Zusammensein der Menschen
voller Freude und Freundschaft ist.

Die Oase des Menschen liegt in der Liebe,
Liebe ist der Ursprung aller Oasen.
Wenn du in der Wüste des Lebens irgendwo Liebe findest,
wahre Liebe, dann geh mit der Liebe mit.
Und du wirst zum Quell aller Liebe kommen, zu Gott,
der großen Oase für alle Zeit und Ewigkeit.

Wasser ist Leben.
Liebe ist lebendiges Wasser.
Liebe ist die Urenergie,
die alle menschlichen Wüsten
blühen läßt und fruchtbar macht.

Liebe heißt, Wärme auszustrahlen,
ohne einander zu ersticken.
Liebe heißt, Feuer zu sein,
ohne einander zu verbrennen.

Liebe heißt, einander nahe zu sein,
ohne einander zu besitzen.
Liebe heißt, viel voneinander zu halten,
ohne einander festzuhalten.

Liebe ist das große Abenteuer
des menschlichen Herzens.
Spüren Menschen das Herz eines Menschen,
dann kommen sie zum Leben.

Liebe ist der einzige Weg,
auf dem Menschen menschlicher werden.
Allein die Liebe ist das Haus,
in dem wir wohnen können.

Menschen haben Schwächen,
Menschen machen Fehler.
Es gibt Reibereien, Zusammenstöße.

Nur die Liebe läßt Menschen,
die nicht vollkommen sind,
zur Gemeinschaft zusammenwachsen.
Nur in Liebe können die Menschen
beieinander aushalten.

Liebe, wirkliche Liebe,
ist eine Kraft, die dir hilft,
dich selbst zu überwinden,
auf daß es dem anderen gutgeht.

Wenn du in der Liebe bleibst,
wirst du nichts verlieren,
auch wenn du durch einen dunklen
Tunnel gehen mußt.

Liebe:
wenn du ein Herz für andere hast;
wenn dir das Leid anderer weh tut;
wenn du die Not anderer bekämpfst;
wenn du Menschen liebst, so wie sie sind;
wenn du mehr gibst, als du besitzt;
wenn du dich selbst gibst.

Liebe:
so ein kleines Wort,
und es sagt doch alles.
Liebe ist das Schlüsselwort.

Freunde sind Menschen,
die sich gut verstehen,
die gemeinsam eine Weile denselben Weg gehen.
Sie sind nicht mehr allein.
Sie schauen nicht so sehr aufeinander,
sie schauen gemeinsam weiter.
Sie suchen nicht einander,
sie suchen gemeinsam, was jeder braucht.

Freunde legen sich nicht gegenseitig an die Kette,
das wäre der Tod der Freundschaft.
Sie verfallen nicht in Eifersucht,
sie kapseln sich nicht ab.
Sie machen einander frei.
Sie helfen einander, den wahren Weg
des eigenen Lebens zu finden.

Freunde lassen sich nicht im Stich.
Sie bleiben einander nahe,
in Freud und Leid,
im Erfolg und in der Niederlage.
Du kannst alles aushalten
und alles durchstehen,
wenn ein Freund dir zur Seite ist.
Ein guter Freund
ist der beste Trost in der Not.

Es gibt Tage, da trägt man einander auf Händen,
voller Begeisterung und ohne Sorgen.
Es kommen Tage, da muß man einander ertragen.
Und es kann Tage geben, an denen nichts mehr geht.
Aus Ärger, Wut, Dummheit ging etwas in die Brüche.
In euer Zuhause und in euer Herz kam die Nacht.
Dann möchte man und kann doch nicht.
Man möchte eine Hand ausstrecken,
doch sie erstarrt wie Eis. Man möchte vergeben
und sagt doch: Warum hast du das getan?

In solchen Tagen gibt es nur eine Lösung:
Geduld, viel Geduld und Suche nach Versöhnung.
Du mußt eine Weile blind fliegen,
ohne zu sehen, ohne zu verstehen.
Dir wird bewußt, daß der andere anders ist
und dir im letzten immer fremd bleiben wird.
Und dann geh auf die Suche nach Vergebung.
Wenn du nicht vergeben kannst, entsteht eine Mauer.
Und eine Mauer ist der Anfang von einem Gefängnis.

Du kannst nicht leben, wenn du keinen Menschen hast,
der sich um dich kümmert, dem du dich anvertrauen kannst,
bei dem du immer willkommen bist.
Du triffst im Leben viele Menschen,
aber nur wenige treten in dein Leben ein,
verbinden sich mit deinem Leben.
Welch ein Segen, wenn es Menschen sind
mit Güte und Wärme, mit Verläßlichkeit und Treue, mit Herz!

Du kannst nicht leben, wenn du keinen Menschen hast,
um den du dich kümmerst.
Man muß nicht meinen, man sei mit der Liebe fertig,
wenn man keinem zu nahe kommt und keinem etwas zuleide tut.
Wirklich lieben heißt: sich um Menschen kümmern,
aufmerksam, einfühlsam, erfinderisch.

Sich um einen Menschen kümmern reißt mich aus meiner Enge heraus,
aus dem ewigen Kreisen um mich selbst.
Manchmal fällt es bitter schwer, sich anderen zuzuwenden,
ihre Sorgen zu teilen und ihre Last zu tragen.
Aber zuletzt bringt es Freude und Erfüllung,
einen Vorgeschmack von Paradies.

Blumen können nicht blühen
ohne die Wärme der Sonne.
Menschen können nicht Mensch werden
ohne die Wärme der Freundschaft.

Warum haben so viele Menschen nichts vom Leben?
Weil sie keine Freunde haben.
Weil sie keinen kennen, der zu ihnen hält.
Weil sie kein Zeichen sehen, daß sie einer mag.
Weil keine Blume da ist, die für sie blüht.

Blumen können Wunder wirken.
Gewöhnliche, einfache Blumen wie ein Lächeln,
ein Händedruck, eine freundliche Geste, ein fröhliches Wort.
Solche Blumen können wunderschöne Geschichten erzählen
von einem Stückchen Himmel auf Erden,
wo Ängste, Schmerzen, Tränen ihren Trost finden,
weil Menschen ein bißchen Freundschaft erfahren haben.

Menschen müssen Freunde werden.
Wer die Freundschaft verweigert,
lebt in einem Land ohne Blumen.

Sonne für Arbeit und Freizeit

Wenn ein Fisch in seiner Welt
auf Entdeckungsreise geht, ist das letzte,
was er entdeckt, das Wasser.
So ist es auch mit dem Menschen.
Die wesentlichsten Dinge seines Daseins
macht er sich am wenigsten bewußt.
Wie wichtig frische Luft für ihn ist,
weiß er erst, wenn er zu ersticken droht,
und wie schön es ist, atmen zu können,
weiß er erst, wenn er stirbt.

Noch nie gab es so viele gehetzte Menschen.
Väter und Mütter warten endlos
auf den Besuch ihrer Kinder:
Die haben keine Zeit.
Alte und Kranke sehen die Jungen
und Gesunden vorbeihasten:
Die haben es so eilig.
Ehepartner werden sich fremd:
Sie haben keine Zeit füreinander.

Warum haben wir so wenig Zeit?
Die Umgebung, die Reklame,
die Freizeitindustrie reden pausenlos auf uns ein,
was wir alles haben müssen, was wir alles tun müssen,
was wir uns alles leisten müssen.
Und so wird das ganze Leben lückenlos verplant.
Deshalb mein Vorschlag:

Tu einmal nichts!
Komm endlich zur Ruhe!

In der Stille wohnen die Freuden des Lebens,
die wir vor lauter Hetze verloren haben.
Aus der Stille wachsen die kleinen Aufmerksamkeiten,
die viel weniger Zeit brauchen, als wir meinen:
ein gutes Wort, ein freundliches Gesicht,
ein dankbarer Kuß, ein verständnisvolles Zuhören,
ein überraschender Telefonanruf,
ein selbstgemachtes Geschenk, ein fröhlicher Brief.
Nimm dir Zeit, um ein guter Mensch zu sein
für deine Mitmenschen.

Du hast nur ein Leben.
Liebe das Leben, so wie es ist.
Versuch es mit diesem Leben.
Wenn du es ablehnst,
hast du kein Leben mehr.

Schaut man sich bei den Menschen um,
bekommt man den Eindruck:
Viele leben nicht gern.
Es tut ihnen leid, daß sie leben.
Sie achten im Leben immer nur auf die Kehrseite
und haben kein Auge für das Gute.
Sie starren nach unten, aufs Dunkle.
Nie blicken sie nach oben, ins Licht.
Sie vergessen die Sterne.
Sie sind blind,
sie sehen die vielen Freuden jedes Tages nicht.

Ein zufriedener Mensch
erwartet vom Leben nicht mehr,
als das Leben ihm geben kann.
Es gibt dunkle Tage und helle Tage.
Ein zufriedener Mensch genießt die Tage,
wie er sie bekommt.
Wer zuviel erwartet,
zieht dunkle Wolken auf sich.
Er macht sich selbst die schlechten Tage.

Hänge deine Regenwolken
zum Trocknen in die Sonne.

Rufe: Frühling! Rufe: Sonne!
Laß dich fangen vom Wunder des Lichts,
vom Wunder des Lebens.
Sieh die Lerche, wie sie hoch am Himmel singt.
Weißt du, warum? Weil sie keine Miete zahlt.
Sieh in den Himmel und singe,
weil dir die Sonne umsonst scheint.

Mach dich zum Leben auf! Lebe!
Reinige den Kopf von der Jagd nach immer mehr.
Löse dich von Dingen, die du nicht brauchst.
Entwirre das Herz von den Verstrickungen
an tausend törichte Begierden.

Mach dich zum Leben auf! Lebe!
Freude wird dein Herz erfüllen, Mut zum Leben.
Scheint die Sonne, fängst du an zu tanzen,
und wenn es regnet, kannst du pfeifen.
Und du wirst spüren:
Wir sind gemacht für die Freude.

Das Fest: eine Oase auf dem Lebensweg.
Der eintönige Lauf der Tage wird unterbrochen,
man schöpft wieder Kraft und neuen Lebensmut.

Ein richtiges Fest kann man nur
mit Freunden feiern, mit Menschen, die man gern hat:
wo alles echt ist, ungezwungen und herzlich.

Wo Menschen in Freundschaft zusammen sind,
wo sie miteinander erzählen und spielen,
essen und trinken, tanzen und singen,
da ist immer ein Fest.

Das Fest der Freundschaft muß nicht teuer sein.
Jeder freut sich an der kleinsten Gabe,
weil jeder darin die Liebe spürt.
Ein Freund in deinem Leben ist wie Brot und Wein.

Mensch! Du bist nicht gemacht,
um zu funktionieren, um zu produzieren
und um dich zu amüsieren.
Du bist gemacht, um Mensch zu sein.
Du bist geschaffen
für das Licht und die Freude,
um zu lachen und zu singen,
um glücklich zu leben und um dazusein
für das Glück der Menschen um dich herum.

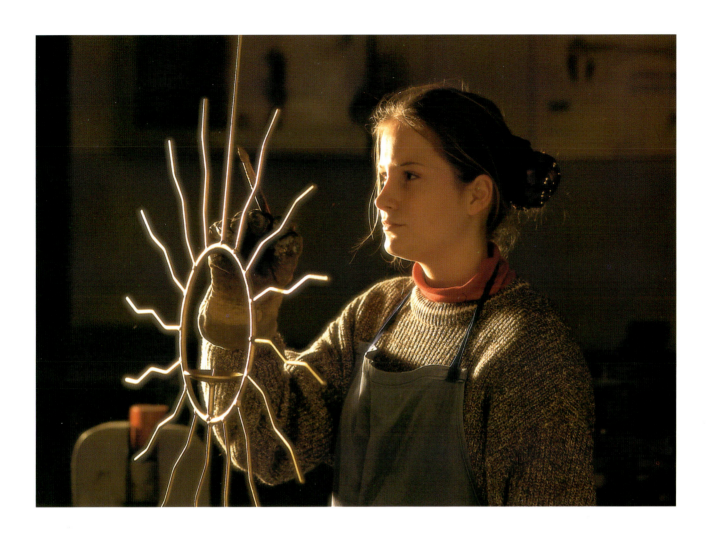

Mit Geld allein ist der Mensch
keinen Pfennig wert.

Mit allem Geld der Welt kann man
kein Gramm Liebe produzieren.

Das Wichtigste kannst du nicht kaufen:
Glück und Geborgenheit.
Liebe gibt es nur umsonst.

Um glücklich zu sein, ist es nicht wichtig,
mehr zu besitzen, sondern weniger zu begehren.
Viele machen es gerade umgekehrt.
Mit dem, was sie haben, sind sie unzufrieden.
Deshalb kaufen sie Sachen,
die sie gar nicht brauchen.
Mach da nicht mit!
Du hast nur etwas Überflüssiges mehr,
und früher oder später merkst du,
daß dich alle diese Sachen
doch nicht glücklicher machen.
Reich und glücklich bist du nicht,
wenn du viel besitzt,
sondern wenn du viel entbehren kannst.

In der Tat, es ist besser,
in einer Hütte mit Liebe zu leben
als in einem Palast ohne Liebe.
Sei keiner von jenen Egoisten,
die ihren Hund oder ihr Hobby oder ihre Kneipe
lieber haben als die eigene Frau.
Die lieber das Fernsehen anschauen
als die eigenen Angehörigen.
Sei freundlich, herzlich, voll Liebe, vor allem zu Hause!
Ein Gramm Liebe im Haus ist mehr wert
als aller Luxus.

Wer immer nur haben will, ist nie zufrieden.
Das Leben macht ihm keine Freude.
Er ist ein Vogel mit zu schweren Flügeln.
Er wird niemals zur Sonne fliegen können.

Wer mit wenig zufrieden sein kann,
wird mehr erhalten, als er erwartet.
Alles, was er bekommt, wird wie ein Wunder sein.
Ihm werden die Wunder des Lebens geschenkt.

Überall, in jeder Gemeinschaft
und bei jeder Arbeit kommt eine Zeit,
da steht es dir bis oben hin,
da meinst du es nicht mehr auszuhalten.
Die Arbeit, die dir am Anfang
so viel Freude machte, wird langweilig,
und die Leute, mit denen du begeistert
begonnen hast, findest du unmöglich.

Wenn du dann einfach aufgibst,
bist du für keinen und zu nichts mehr wert.
Du wirst erst Glück und Erfolg haben,
wenn du das gelernt hast: durchhalten.
Heute ist zu viel von Kaufkraft die Rede
und zu wenig von Willenskraft,
von der Kraft durchzuhalten.

Länger durchhalten
ist das Geheimnis aller Siege.

Heute muß alles schnell gehen.
In dieser Zeit, die keine Zeit hat,
versuche, Mensch zu bleiben.
Laß dich nicht hetzen.
Auch die Schnecke erreichte die Arche Noah.

Mein lieber Mensch,
deine ganze Vergangenheit
hast du schon auf dem Buckel,
und du willst dir auch noch
deine ganze Zukunft aufladen?
Das ist viel zuviel.

Du bekommst zu leben in Portionen
von vierundzwanzig Stunden.
Warum denn alles auf einmal?
Dafür bist du nicht geschaffen.
Das macht dich fertig.

Was nützt das ganze Tempo,
wenn du doch anhalten mußt?
Was nützt der ganze Reichtum,
wenn du doch arm sterben mußt?

SONNE FÜR HERZ UND VERSTAND

Hör auf,
die Nöte von gestern wiederzukäuen.
Mach dir keine sinnlosen Sorgen
um die Zukunft.
Wenn du heute nicht glücklich sein kannst,
erwarte nicht,
daß morgen ein Wunder geschieht.
Heute mußt du glücklich sein.

Sag: Wo sind die Blumen geblieben?
Die Blumen der erfreulichen Dinge,
der schönen Erlebnisse, der guten Ereignisse –
in der Tagesschau, in der Tageszeitung,
in den Tagesgesprächen?
Sie sind verfinstert in den Augen der Schwarzseher,
erstickt in der Lawine von Sensations-,
Skandal- und Katastrophengeschichten,
gestorben auf den Lippen
der ewigen Nörgler und Unglückspropheten.

Sag: Wo sind die Blumen geblieben?
Die Blumen der kleinen Aufmerksamkeiten,
die zeigen, daß man aneinander denkt
und daß man einander beschenkt?
Die Blumen des Vertrauens, die uns fröhlich machen?
Die kleinste Blume, die von Herzen gegeben wird,
erzählt eine schöne Geschichte,
das Märchen von einem Stückchen Himmel auf Erden,
wo Menschen füreinander blühen wie Blumen.

Hier ist dein Herz,
und da ist ein Mensch, der dich braucht:
Leg Blumen bereit!

Alles in der Natur drängt zum Licht.
Das kleinste Samenkorn wächst
aus dem Dunkel der Erde ins Licht.
Jede Blume hält ihre Blüte den Strahlen der Sonne entgegen.
Doch der Mensch hat sich vom Licht abgewandt.
Materie beherrscht sein ganzes Denken.

Wo der Geist verdrängt wird,
verfallen Menschen mitten im Leben dem Tod.
Sie ersticken im Materiellen,
in einer krankhaften Überschätzung von Geld und Besitz,
von Reichtum und Macht.
Aber der Mensch ist mehr als Materie,
viel mehr als eine zufällige Struktur von Atomen und Zellen.
Er ist in der Wurzel seines ganzen Wesens Geist.

Wo der Geist verdrängt wird,
trifft es den Menschen in seinem Lebenskern.
Ist der Geist tot, kann der Mensch
wie eine Maschine von außen bewegt und gesteuert werden.
Darum suchen alle Diktaturen,
den Geist zu unterdrücken
und damit die Freiheit des Menschen zu töten.

Wo der Geist verdrängt wird, fängt die Sinnlosigkeit an.
Die Freude am Leben versiegt,
und Verzweiflung macht sich breit wie eine lähmende Krankheit,
wie eine trostlose Wüste.
In der Hoffnungslosigkeit lauert der dunkle Trieb,
das Leben wegzuwerfen.

Wir müssen neue Wege gehen:
den Weg des Saatkorns.

Wir müssen den Weg der Gewalt verlassen,
den Weg von Blut und Tränen,
den Weg des Glaubens an die Macht,
an den Besitz, an das Recht der Stärkeren.
Wir müssen lange Wege gehen,
den Weg zur Menschlichkeit unter Menschen,
den Weg zum Licht durch die Nacht,
den langen Weg zur Liebe,
damit die Freude am Leben aufblüht
wie ein farbiger Regenbogen
am Himmel unseres Dorfes, das Erde heißt.

Ein Fluß beginnt mit einer Quelle,
ein Sturm mit Rauschen in den Blättern,
ein Feuer mit einem Funken,
ein Kornfeld mit unsichtbaren Saatkörnern.

Unser Leben ist von Wundern umgeben,
die uns erfreuen wollen.
Wenn wir unser Herz öffnen
und nicht nur unsere Augen,
wenn wir Blumen und Vögel
und die Menschen anschauen,
weil wir sie von Herzen gern haben,
dann sehen wir immer mehr,
dann entdecken wir täglich Wunder.

Mehr als mit dem Verstand
denkst du mit deinem Herzen.
Das Herz macht den Verstand hell.
Was dein Herz mag, dafür setzt du dich ein.
Dein Herz wählt, wonach du verlangst.
Das Herz des Menschen – ein winziger Fleck
auf unserem großen Planeten.
Aber hier kommt die Liebe zur Welt.

Du hast etwas,
was andere spüren müssen:
ein Herz.

Komm zur Vernunft,
entdecke dein Herz.

Wenn der Himmel in dein Herz kommt,
kommt dein Herz in den Himmel.

Mit Güte und Liebe
lebt das Herz auf,
ohne sie stirbt es ab.

Unser Herz kann ein Himmel sein.
Aber es läßt sich in uns
auch eine Hölle einrichten.

In diese Welt gehört mehr Herz.
Mein eigenes.

Was unsere Augen sehen,
dringt tief in unser Herz hinein.
Unsere Augen sind
die Fenster unseres Herzens.

Positiv sehen heißt:
nach der guten Seite Ausschau halten,
nach der Seite des Lichts,
wo es hell und heiter ist,
wo die Freude herrscht.

Negativ sehen heißt:
auf die andere Seite starren,
wo es dunkel ist, wo man fällt,
wo Angst und Verzweiflung umgehen.

Die Fenster unseres Herzens:
Machen wir sie auf für das Licht,
für die Sonne am Tag
und die Sterne in der Nacht.
Kommt Licht in unsere Augen,
dann kommt auch Licht in unser Herz.

Ich glaube an das Gute im Menschen,
so wie ich an den Frühling glaube,
wenn ich die Weidenkätzchen blühen sehe.

Ich glaube an die Menschen,
die einfachen Menschen:
Menschen, die leben und lachen,
die sich an kleinen Dingen freuen,
die ja sagen zur aufgehenden Sonne
und zu allem, was aus dem Grund
von guten und schlechten Tagen wächst.
Ihr Name steht nie in der Zeitung.
Sie gebrauchen keine Fäuste,
sie haben die Menschen gern.

Einfache Menschen sind wunderbare Menschen,
Menschen, von denen ohne viel Aufhebens
ein Strom der Liebe in die Welt ausgeht.
Sie sind Oasen in unserer Wüste.
Sie sind Sterne in unserer Nacht.
Sie sind die einzigen Lungen,
durch die unsere Welt noch atmen kann.

Bleib lieber normal,
ein ganz normaler Mensch.
Einfache Menschen – wunderbare Menschen!
Die besten Freunde.

Du hast zwei Hände,
eine linke und eine rechte.
Strecke die eine nach links,
die andere nach rechts
und versöhne die Menschen miteinander.

Mach die Welt besser,
fang bei dir selbst an!

Sonne für Mut und Hoffnung

Einander Hoffnung zu geben heißt,
füreinander Verantwortung zu tragen.
Einander Hoffnung zu geben heißt,
einander Leben zu geben.
Einander Hoffnung zu geben heißt,
miteinander Freundschaft zu schließen.

Es gibt noch Engel in der Welt. Engel sind Menschen,
die ins dunkle Leben einen Lichtstrahl bringen,
einen Funken Freude aus dem Paradies.
Sie leben und arbeiten für Menschen, die weniger Glück hatten.
Sie zählen die Stunden nicht, sie fragen nicht nach Lohn.
Ihre Liebe zu den Menschen ist größer.
Wenn sie nicht wären,
würden viele keine Beachtung und keine Zuwendung,
keine Hilfe und keine Freundschaft finden.

Du hast ein Problem. Du kommst nicht weiter.
Es geht nicht mehr.
Da erhält jemand über eine unsichtbare Antenne
eine Eingebung, dich anzusprechen,
zu dir zu gehen, dir zu helfen,
dich zu trösten, dir einen Wink zu geben,
eine Lösung zu zeigen, den entscheidenden Schritt.
„Du bist ein Engel", sagst du dann.
Das Dunkel hat sich gelichtet, die Sorge ist weg,
das Leben wird wieder hell.

Es gibt noch Engel:
mitten unter uns.
Sie wirken Wunder,
ohne es selbst zu wissen.

Das Leben kann schwer sein, furchtbar schwer.
Das Leben kann dich manchmal
bis ins Tiefste deiner Seele treffen.
In solchen qualvollen Augenblicken
sucht jeder Mensch Trost.
Ohne Trost kannst du nicht leben.
Trost ist aber nicht der Alkohol,
nicht die Schlaftablette, nicht die Spritze.
Sie betäuben dich für kurze Zeit
und stürzen dich dann in noch schwärzere Nacht.

Trost ist wie eine Salbe auf eine tiefe Wunde.
Trost ist wie eine Oase in einer großen Wüste.
Trost ist wie eine sanfte Hand auf deinem Kopf.
Trost ist wie ein gütiges Gesicht in deiner Nähe,
die Gegenwart von einem,
der deine Tränen versteht,
der deinem gepeinigten Herzen zuhört,
der in deiner Angst und Not bei dir bleibt
und der dich ein paar Sterne sehen läßt.

Mut ist eine kostbare Gabe.
Wir können viel verlieren, ohne wirklich unglücklich zu sein.
Wenn wir den Mut verlieren, haben wir alles verloren.
Wer den Mut verliert, ist wie ein Vogel, der seine Flügel verliert.
Da ist kein freier Himmel mehr,
keine frische Luft, keine Sonne, keine Zukunft.

Wie bekommen wir Mut?
Alles hängt daran, wie wir das kleine Stück Leben anschauen,
das unser eigenes Leben ist,
das eingespannt ist zwischen Wiege und Grab,
so zerbrechlich und so kurz.
Ist unser Auge rein und unser Herz frei von der Sucht,
alles schwarz zu sehen, frei von Ichsucht und Habsucht,
dann sehen wir unser eigenes Leben viel klarer.

Mut ist eine seltsame Kraft.
Anderen Mut machen und sich selbst Mut machen
ist das Beste, was ein Mensch tun kann.
In jeder Situation, unter allen Umständen.
Mit Mut kommt man überall durch.
Man läßt die Sonne scheinen
durch alle dunklen Wolken hindurch.

Vergiß die schönen Tage nicht!
Denn wenn du sie vergißt,
dann kommen sie nie wieder.

Wenn du Ärger mit deiner Umgebung hast,
wenn du nicht mehr ein noch aus weißt,
dann denke an die schönen Tage,
als du lachtest und tanztest,
als du ohne Sorgen warst wie ein Kind.

Wenn dein Leben voller Leid,
wenn dein Herz voller Bitterkeit
und alle Hoffnung auf Glück verflogen ist,
dann suche sorgsam die schönen Tage
in deiner Erinnerung auf,
als kein Wölkchen den Himmel trübte,
als dein Leben voller Sonne war,
voller Freude und Geborgenheit.

Fülle deinen Kopf mit Hoffnung,
dein Herz mit Frieden
und deinen Mund mit Lachen –
und alles wird wieder gut.

Das Leben ist nicht zum Grübeln da.
Dafür ist die Zeit zu schade.
Dafür ist der Mensch nicht gemacht.

Ängstliche Menschen neigen zum Grübeln.
Sie machen sich selbst unglücklich.
Sie sehnen sich jeden Tag nach überflüssigen Sorgen,
nehmen sie in die Arme und hätscheln sie.
Sie pflegen ihr eigenes Unglücklichsein.
Sie glauben erst gar nicht,
daß die Sonne scheinen könnte,
und verkriechen sich frierend im Schatten.

Ängstliche Menschen klammern sich gern
an anderen fest und werden aufdringlich.
Häufig sind es einsame Menschen,
Menschen, die nicht wagen, allein zu sein.
Alles, was aus Angst beschlossen wird,
ist eine verkehrte Entscheidung.
Aus Angst wird niemals Freude und Glück geboren.

Angst vor morgen
kommt immer einen Tag zu früh.

Es gibt Menschen, die sitzen immer im Keller.
Jeder Rückschlag steigert sich zur Katastrophe.
Das kleinste Leid versetzt sie in Panik.
Sie haben die Angewohnheit, alles zu dramatisieren:
Mir geht alles schief, ich habe einfach kein Glück.

Vergiß das Gute nicht,
das dir jeden Tag Freude machen kann.
Es gibt tausend kleine schöne Dinge,
auf die du nicht mehr achtest.
Versauere dir nicht länger
deine Tage mit schlechter Laune
und einem langen, leidenden Gesicht.

Die Nacht kann nicht so dunkel sein,
daß nicht irgendwo ein Stern zu finden wäre.
Die Wüste kann nicht so trostlos sein,
daß nicht irgendwo eine Oase zu entdecken wäre.
Versöhne dich mit dem Leben, wie es nun einmal ist.
Irgendwo bleibt uns immer eine kleine Freude.
Es gibt Blumen, die blühen selbst im Winter.

Die Sonne ist da. Sie wird nicht müde
und steht jeden Tag von neuem auf.
Menschen stehen auf,
sie glauben an den neuen Tag.
Menschen sehen die Sonne aufgehen,
sie spüren die Wärme ihrer Strahlen,
und sie glauben wieder an das Licht.

Die Hoffnung ist da.
Es gibt noch Kinder mit lachenden Augen.
Es gibt noch viele Menschen,
unter deren Haut ein Herz schlägt.
Mit jedem guten Menschen auf der Welt
geht eine Sonne der Hoffnung auf.

Einander Hoffnung geben heißt:
einander Mut machen, einander Leben geben.
Wir können die Wüste nicht auf einmal verändern,
aber wir können anfangen mit einer kleinen Oase.
Wo eine Blume wieder blühen kann,
werden eines Tages tausend Blumen stehen.

Weiß ich denn nicht, daß ich gemacht bin
für die Freude?
Meine Augen sind da für das Licht,
für das Frühlingsgrün, für das Weiß des Schnees,
für das Grau der Wolken und das Blau des Himmels,
für das Leuchten der Sonne am Tag,
für das Funkeln der Sterne in der Nacht
und für das unglaubliche Wunder,
daß es so viele wunderbare Menschen gibt.

Mein Mund ist da für das Wort,
für ein gutes Wort, auf das ein anderer wartet.
Meine Lippen sind da für einen Kuß,
meine Hände, um zu helfen und zärtlich zu sein,
meine Füße, um den Weg zum Nächsten zu gehen,
zu denen, die in Einsamkeit und Kälte leben.
Und mein Herz ist da für die Liebe.

Sonne für Stille und Erfüllung

Der Himmel muß auf der Erde beginnen,
dort, wo Menschen Freunde werden
und wo die Güte weitergegeben wird.
Ich liebe die Menschen, die um mich leben.
Ich liebe die Freude,
und so kommt die Freude zu mir.

Nähre dein Herz mit Frieden.
Das heißt: mit sich selbst in Frieden leben.
Ist das Herz voller Mißtrauen und Egoismus,
findet der Kopf niemals Wege zum Frieden.
Frieden fängt an, wo Haß und Gier aufhören.
Die Welt verändert man nicht mit Gewalt,
sondern mit dem Herzen.

Nähre dein Herz mit Frieden.
Das heißt: Atem holen in der Stille.
Eins werden mit allem, was lebt und stirbt.
Schluß mit dem täglichen Kleinkrieg.
Alle Gewalttätigkeit im eigenen Innern
beenden durch Gesten der Versöhnung.

Nähre dein Herz mit Frieden.
Das heißt: allem mit Ehrfurcht begegnen,
was schwach und verletzlich ist.
Aufmerksam sein für alles, was glücklich macht.
Es gibt keinen Frieden in der Welt,
wenn es keinen Frieden gibt
in deinem und in meinem Herzen.

Wenn du müde geworden bist
vom Laufen nach den Sternen,
um den Menschen in der Nacht
ein wenig Licht zu bringen,
dann setz dich in der Stille nieder
und lausche auf die Quelle.
Wenn du tief genug vordringst
zum Kern der Dinge, bekommst du Augen,
um unsichtbare Dinge zu sehen,
und Ohren, um unsichtbare Dinge zu hören.

Ich höre das Wasser in der Quelle singen,
das Lied vom lebendigen Wasser,
wie es aufsteigt und auf die Suche geht
nach dürrem Land, nach Menschen in der Wüste,
wie es sich seinen Weg bahnt,
wie es Bäche und Flüsse bildet.

Ich höre das Wasser jubeln und jauchzen
über jedes Herz, das aufgeht,
und über alle Menschen,
die vom lebendigen Wasser trinken
und trunken werden von Liebe.
Es stehen Blumen an allen Ufern.

Ich sehe Früchte des Geistes:
Freude, Frieden, Freundlichkeit, Güte,
Sanftmut, Geduld, Liebe und Innerlichkeit.
Früchte für eine neue Welt.
Die Welt wird wieder bewohnbar.

Ich glaube an das Gute,
auch wenn so viele Menschen
vom Bösen heimgesucht werden.

Ich glaube an das Schöne,
auch wenn das Häßliche in der Welt wuchert
und der Dreck tief in den Menschen dringt.

Ich glaube an die Liebe,
auch wenn so viel Feindschaft herrscht
und so viel Haß geschürt wird.

Ich glaube, daß der Uranfang des Guten Gott ist.
Gott ist nicht der gute Mensch,
aber in jedem guten Menschen kommt er auf uns zu.
Gott ist nicht die Blume,
aber in jeder Blume ist er vorübergegangen.
In allem, was lebt, hat Gott
eine Spur seiner Liebe hinterlassen.
In jedem Grashalm entdecke ich seine Signatur.

Mitten im Leben steht der Tod.
Aber niemand will ihn sehen,
niemand will mit ihm zu tun haben.
Sterben ist unheimlich,
wenn du blindlings in ein Land gehst,
an das du noch nie gedacht,
von dem du noch nie geträumt hast.

An den Tod denken wirkt befreiend,
wenn man glauben kann an ein ewiges Leben.
Es öffnen sich ungeahnte Ausblicke.
Das Leben endet nicht in einem dunklen Loch.
Es gibt Zukunft für das wunderbare Wesen Mensch.
Wenn du alt wirst,
weißt du mit absoluter Sicherheit,
daß du auf den Rand der Welt zugehst
und eines Tages fallen wirst,
schwindelerregend tief, und doch:

Laß dich ruhig fallen,
denn du fällst in die offene Hand
und in die zärtlichen Arme
eines unendlich lieben Gottes.

So wie ich keine Schwierigkeiten habe anzunehmen,
daß ein Weizenkorn, das in der Erde stirbt,
zu blühenden Ähren und zu einem neuen Weizenkorn wird,
so habe ich auch keine Schwierigkeit zu glauben,
daß das wunderbare Wesen Mensch,
das auf Erden stirbt,
auferstehen wird zu einem neuen Leben
in einem Paradies voller Freude.

Gesegnet seien, die verstehen,
daß meine Füße langsam geworden sind
und daß meine Hände zittern.
Gesegnet seien, die daran denken,
daß meine Augen nicht mehr gut sehen,
daß meine Ohren schwer hören
und daß ich nicht alles gleich verstehe.
Gesegnet seien, die nicht schimpfen,
wenn ich etwas fallen lasse,
und die mir helfen, meine Sachen zu finden.
Gesegnet seien, die mich anlachen,
die ein Schwätzchen mit mir halten.
Gesegnet seien, die meine Schmerzen lindern
und auf meine Krankheit Rücksicht nehmen.
Gesegnet seien, die mich Liebe fühlen lassen
und die zärtlich mit mir umgehen.
Gesegnet seien, die bei mir bleiben,
wenn ich den Weg in die Ewigkeit gehe.
Gesegnet seien alle, die gut zu mir sind.
Sie lassen mich an den guten Gott denken.
Und ich werde sie bestimmt nicht vergessen,
wenn ich einmal bei ihm bin.

Himmlisch wird die Erde
für alle, die Sonne gern haben,
Licht, Schmetterlinge, Vögel,
die begeistert sind von Menschen und Dingen,
die lachen, tanzen und singen
über die Wunder des Lebens.

Himmlisch wird die Erde
für alle, die füreinander anziehend bleiben,
die einander Raum geben,
Raum für den eigenen Lebensrhythmus,
daß er und sie anders sein können,
er selbst und sie selbst.

Himmlisch wird die Erde
für alle, die durch Stürme nicht erschüttert werden,
die alle bitteren Worte aus ihrem Mund entfernt haben
und die es verstehen, mit ein wenig Humor
aus Dornen Rosen zu machen.

Himmlisch ist die Erde
für alle, die frei von Angst und Begierde,
weit über Leibliches hinaus am letzten Ufer des Lebens
einander voller Freude die Geborgenheit gewähren
einer unsterblichen Liebe.

Niemand sieht es. Niemand hört es.
Aber im stillen kann es jeder spüren.
Es weht ein neuer Geist über die Welt.
Ein Geist der Liebe. Der Geist Gottes.
Niemand kann ihn aufhalten.
Er dringt durch Türen und Fenster und Mauern
und verändert die Menschen und die Dinge.
Alles wird neu.

Menschen suchen die gleiche Wellenlänge.
Menschen verfolgen die gleiche Spur.

Sie kommen von überall her,
aus allen Klassen und Schichten.
Menschen aus allen Berufen und Generationen.
Menschen finden wieder Wärme,
ein Tisch ist da und Brot und Wein,
eine große Familie. Alles wird neu.

Menschen sind füreinander Mensch geworden.
Wo Menschen füreinander in Liebe
wieder Menschen werden,
da öffnet sich über der Erde der Himmel.

Ich laufe auf dieser Welt nicht ewig herum.
Zwischen der Ewigkeit vor meiner Geburt
und der Ewigkeit nach meinem Tod
habe ich genau meine Zeit,
auf unserem kleinen Planeten zu parken.
Ich habe meine Parkuhr.
Ich kann sie nicht zurückstellen,
ich kann sie nicht länger laufen lassen.
Meine Parkzeit ist unerbittlich begrenzt.

Was nun? Eins ist sicher zu sagen:
nicht traurig sein, in der Sonne parken
und die Parkuhr laufen lassen.
Begeistert sein vom Licht, von der Liebe,
von guten Menschen und von guten Dingen.
Allen Menschen den Tag schön machen,
die keinen Platz an der Sonne fanden.
Zeit ist keine Schnellstraße
zwischen Wiege und Grab,
sondern Platz zum Parken in der Sonne.

Bund ohne Namen

So heißt die Bewegung für mehr Menschsein in der modernen Welt, für mehr Herz im menschlichen Zusammenleben, die Phil Bosmans 1959 in Antwerpen gründete. Die Lebensnähe und die Botschaft seiner Bücher hängen aufs engste mit dieser Bewegung zusammen. Dem Bund ohne Namen gehören heute allein in Belgien etwa 270 000 Menschen an, er ist auch in anderen europäischen und außereuropäischen Ländern verbreitet. Immer geht es um eine veränderte Lebenseinstellung, einen neuen Lebensstil, eine „Kultur des Herzens" sowie um konkrete Hilfe für Menschen in Not. Seit 1988 gibt es den Bund ohne Namen auch in Deutschland. Interessenten erhalten alle sechs bis acht Wochen attraktiv gestaltete Impulskarten. Sie bringen in Spruch- und Kommentartexten die Botschaft vom Herzen, wie sie Phil Bosmans vermittelt, immer neu zur Sprache. Darüber hinaus unterstützt der Bund ohne Namen konkret Menschen in besonderen Notsituationen, zum Beispiel Kinder, alte und kranke Menschen in osteuropäischen Ländern. Über alle Aktivitäten des Bundes berichtet regelmäßig ein Informationsblatt.

Die große, von Phil Bosmans gegründete Bewegung für ein Leben mit Herz und eine Kultur der Liebe in unserer Welt.

Wenden Sie sich für nähere Informationen an:

**Bund ohne Namen e.V.
Postfach 154
D – 79001 Freiburg**

Übertragung aus dem Niederländischen
von Ulrich Schütz. Ausgewählt aus den im Verlag Herder
erschienenen Büchern von Phil Bosmans

Alle Rechte vorbehalten – Printed in Italy
© Verlag Herder Freiburg im Breisgau 1999/2001
www.herder.de
Reproduktionen: Lithotronic, Frankfurt
Herstellung: L.E.G.O. Olivotto S.P.A., Vicenza 2001
ISBN 3-451-27706-9